Mon système circulatoire

Martha E. H. Rustad

Texte français de Claude Cossette

Consultante :

Natasha Kasbekar, M.D., pédiatre

Kids Health Partners, LLC, Skokie, IL, É.-U.

■SCHOLASTIC

Catalogage avant publication de Bibliothèque et Archives Canada

Rustad, Martha E. H. (Martha Elizabeth Hillman), 1975-
[My circulatory system. Français]
    Mon système circulatoire / Martha E.H. Rustad ; texte français de
Claude Cossette.

(Le corps humain)
Traduction de: My circulatory system.
ISBN 978-1-4431-7629-3 (couverture souple)

    1. Appareil cardiovasculaire--Ouvrages pour la jeunesse. 2. Sang--
Circulation--Ouvrages pour la jeunesse. I. Titre. II. Titre : My circulatory
system. Français

QP103.R87 2019   j612.1   C2018-905937-0

Édition publiée par les Éditions Scholastic, 604, rue King Ouest, Toronto
(Ontario) M5V 1E1 CANADA.

5 4 3 2 1   Imprimé en Chine CP173   19 20 21 22 23

Conception graphique : Charmaine Whitman

Références photographiques :
iStockphoto : JLBarranco, 11, theboone, 5; Shutterstock : arborelza, 7,
chombosan, 17, imaginarybo, élément graphique dans tout le livre,
kornnphoto, 15, Lopolo, (fille) couverture, sciencepics, 9, Sladic,
13, Srijaroen, 19, Tetiana Saienko, (cœur) couverture, TinnaPong, 1,
wavebreakmedia, 21, yodiyim, (globules sanguins) couverture

Message aux parents et aux enseignants

Ce livre décrit et illustre le système circulatoire. Les images aident les lecteurs débutants à comprendre le texte, tandis que la répétition des mots et des phrases leur permet d'assimiler le vocabulaire. Le livre les initie aussi à un vocabulaire spécialisé dont ils trouveront les définitions dans le glossaire. Les jeunes lecteurs auront peut-être besoin d'aide pour lire certains mots ainsi que pour utiliser la table des matières, le glossaire, l'index et la section «Questions pour encourager la pensée critique».

Table des matières

Le travail du sang

Ouille! Je me suis coupé le doigt.

Je vois du sang.

Papa nettoie ma coupure.

Il me met un pansement.

Je me demande ce que fait mon sang.

Le sang circule dans tout mon corps grâce au système circulatoire. Ce système est composé du cœur, des vaisseaux sanguins et du sang. Mon cœur pompe le sang.

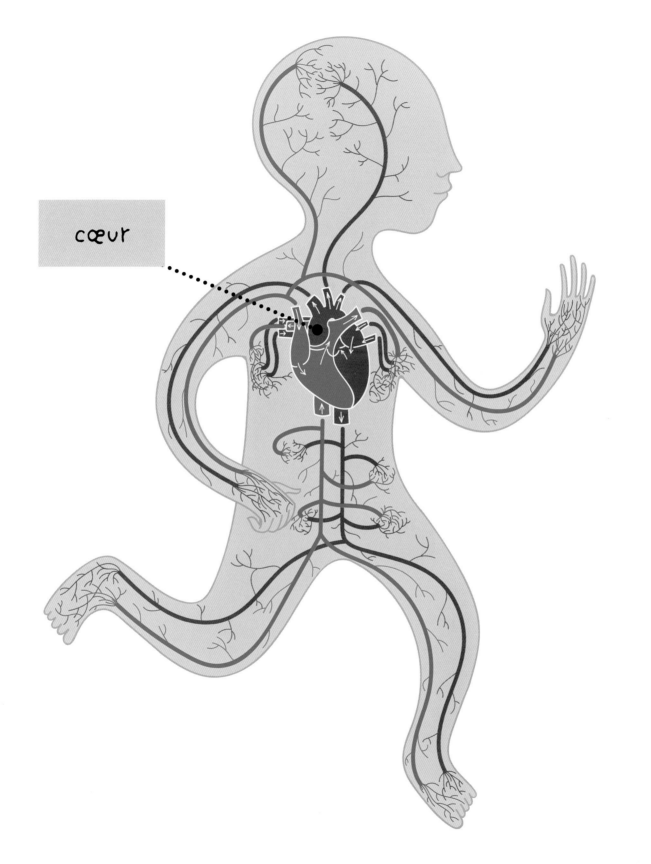

cœur

7

Le trajet du sang

Le sang circule dans des tubes appelés vaisseaux sanguins.

Il fait des allers-retours depuis les cellules jusqu'au cœur.

cœur

vaisseaux sanguins

8

vaisseaux sanguins

Mon cœur envoie le sang dans tout mon corps. Les globules rouges à l'intérieur du sang transportent de l'oxygène, un gaz dont mon corps a besoin pour avoir de l'énergie.

Mon sang transporte aussi des nutriments. Ils nourrissent mon corps et l'aident à grandir. Le plasma dans le sang transporte ces nutriments.

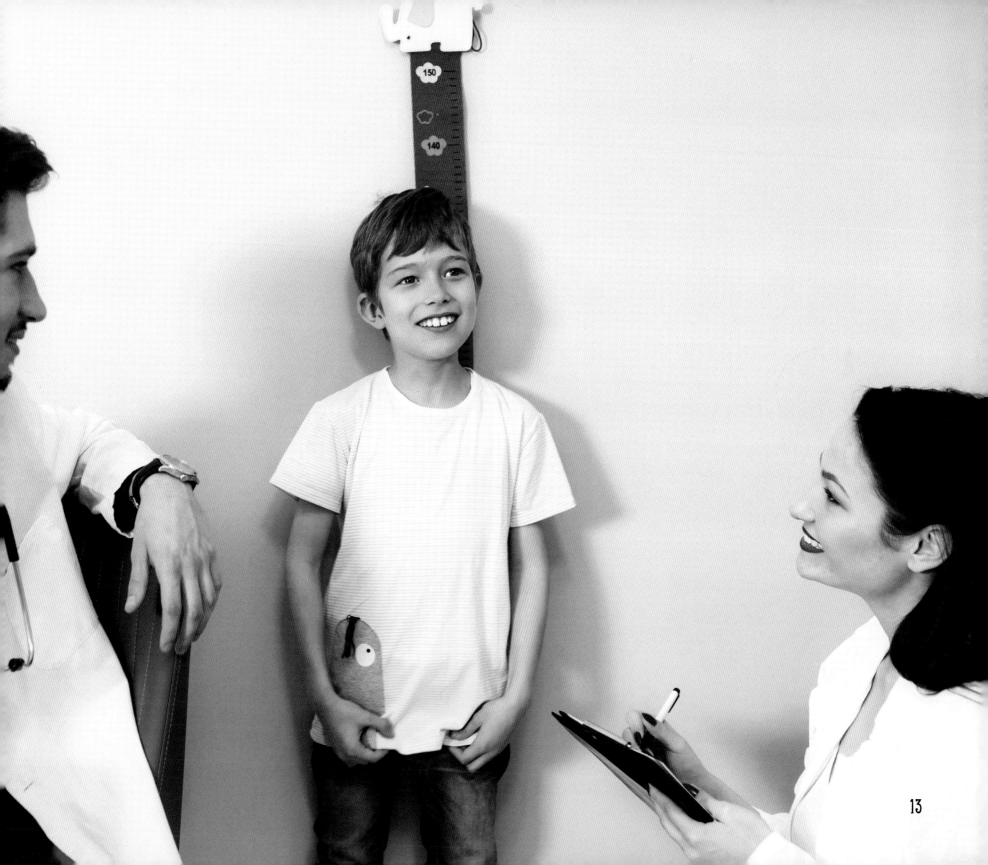

13

Le sang retourne au cœur. Il se rend ensuite dans les poumons pour chercher de l'oxygène. Quand j'inspire profondément, je donne de l'oxygène à mon corps!

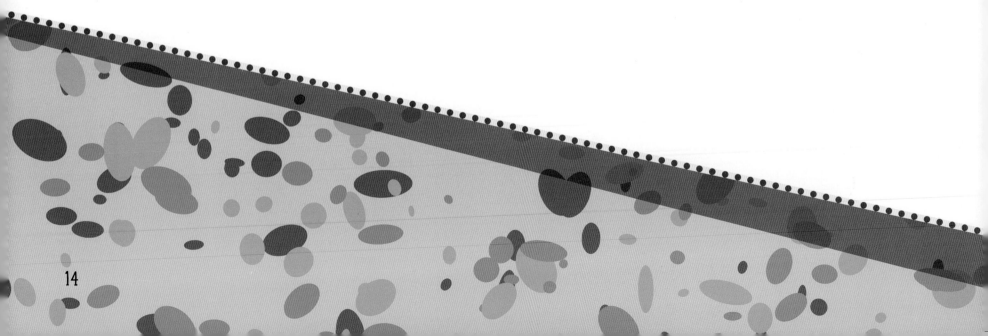

Mon sang transporte aussi des déchets. Le sang amène les déchets dans les poumons et les reins. Le dioxyde de carbone est une sorte de déchet. Quand j'expire, ce gaz sort de mon corps.

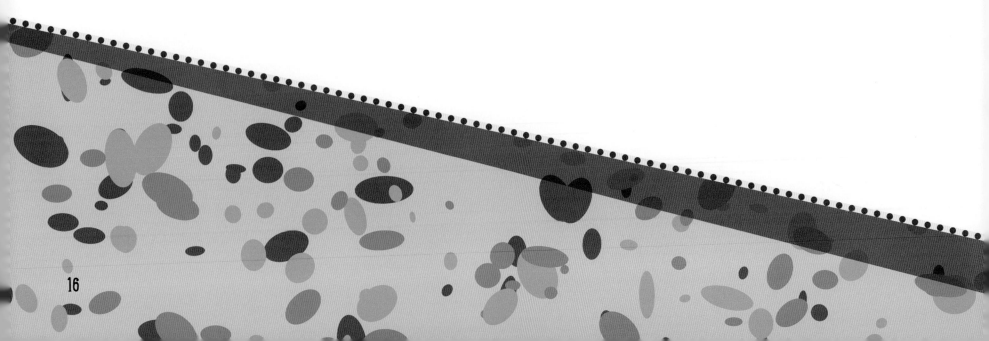

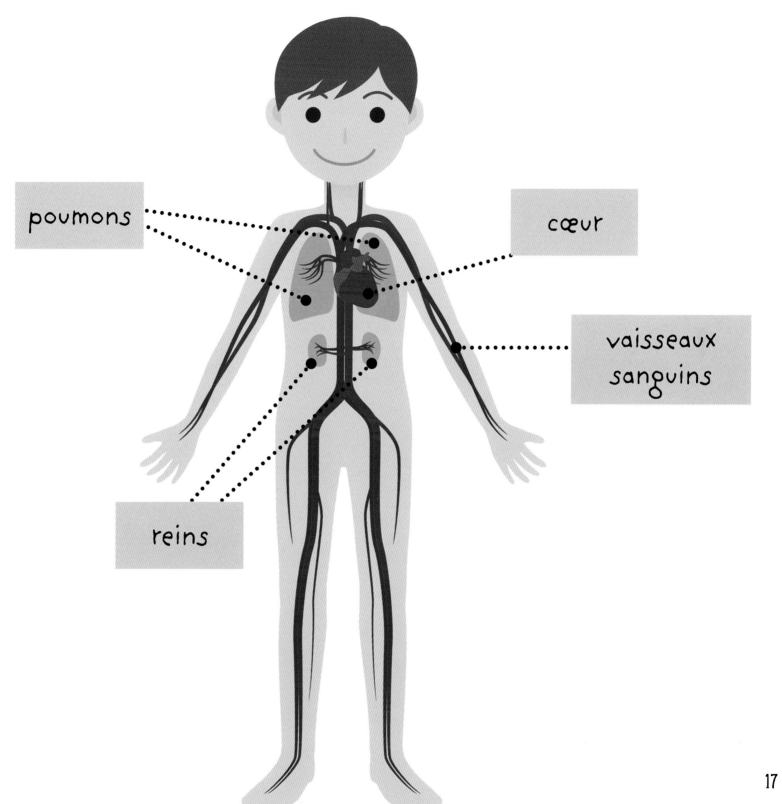

poumons

cœur

vaisseaux
sanguins

reins

Comment garder le sang en santé

Mon sang travaille fort. Je garde mon sang en santé en mangeant des aliments sains et en buvant de l'eau. Le sang transporte les nutriments dans mon corps.

L'exercice renforce le muscle de mon cœur. Un cœur en santé pompe bien le sang. J'aide mon cœur et mon sang pour qu'ils aident mon corps.

Glossaire

dioxyde de carbone — gaz sans couleur ni odeur

énergie — force qui permet d'être actif sans se fatiguer

globule sanguin — partie la plus petite du sang

muscle — tissu dans le corps qui est fait de fibres solides; on peut contracter ou relâcher les muscles pour faire bouger le corps

nutriment — partie d'un aliment, comme une vitamine, qui est utilisée pour la croissance

oxygène — gaz incolore que les personnes et les animaux respirent; les humains et les animaux ont besoin d'oxygène pour vivre

plasma — partie liquide du sang qui transporte les globules rouges, les globules blancs et les plaquettes

pomper — vider ou remplir en utilisant une action de pompage

système circulatoire — système qui fait circuler le sang dans ton corps

vaisseau sanguin — tube étroit qui transporte le sang dans ton corps

D'autres livres sur le corps humain :

Angela Royston. *Mon corps en santé : Pourquoi je me brosse les dents,* Éditions Scholastic, 2017.

Angela Royston. *Mon corps en santé : Pourquoi je fais de l'exercice,* Éditions Scholastic, 2017.

Angela Royston. *Mon corps en santé : Pourquoi je dors,* Éditions Scholastic, 2017.

Angela Royston. *Mon corps en santé : Pourquoi je me lave les mains,* Éditions Scholastic, 2017.

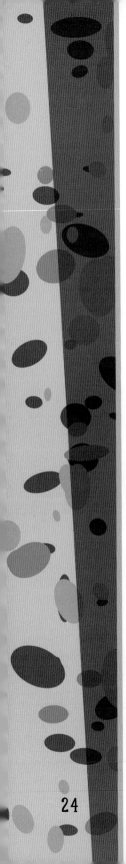

Questions pour encourager la pensée critique

1. Que fait ton sang?

2. Comment est-ce que le sang circule dans ton corps?

3. Quel est le rôle du cœur?

Index